RÉPUBLIQUE FRANÇAISE

MINISTÈRE DU COMMERCE, DE L'INDUSTRIE
DES POSTES ET DES TÉLÉGRAPHES

EXPOSITION UNIVERSELLE INTERNATIONALE DE 1900
À PARIS

RÈGLEMENT GÉNÉRAL

PARIS
IMPRIMERIE NATIONALE

MARS 1897

RÉPUBLIQUE FRANÇAISE

MINISTÈRE DU COMMERCE, DE L'INDUSTRIE

DES POSTES ET DES TÉLÉGRAPHES

EXPOSITION UNIVERSELLE INTERNATIONALE DE 1900

À PARIS

RÈGLEMENT GÉNÉRAL

PARIS

IMPRIMERIE NATIONALE

MARS 1897

RÈGLEMENT GÉNÉRAL.

DÉCRET DU 4 AOÛT 1894

PORTANT RÈGLEMENT GÉNÉRAL

POUR L'EXPOSITION UNIVERSELLE DE 1900.

LE PRÉSIDENT DE LA RÉPUBLIQUE FRANÇAISE,

Sur le rapport du Ministre du commerce, de l'industrie, des postes et des télégraphes, et du Ministre de l'instruction publique et des beaux-arts;

Vu le décret du 13 juillet 1892 instituant à Paris, en 1900, une Exposition universelle des œuvres d'art et des produits industriels ou agricoles,

Vu le décret du 9 septembre 1893 portant organisation des services de cette Exposition;

Vu l'avis de la Commission supérieure de l'Exposition et les propositions du Commissaire général,

DÉCRÈTE :

ART. 1ᵉʳ. Sera soumise aux dispositions du présent règlement l'Exposition universelle internationale de 1900 à Paris.

TITRE PREMIER.

ÉLÉMENTS CONSTITUTIFS. — ORGANISATION GÉNÉRALE
DES SERVICES.

ART. 2. L'Exposition universelle internationale instituée à Paris, pour l'année 1900, sera ouverte le 15 avril et close le 5 novembre.

Elle recevra les œuvres d'art, les produits agricoles ou industriels, et, d'une manière générale, tous les objets rentrant dans la classification annexée au présent règlement.

Toutes les nations sont invitées à y prendre part.

ART. 3. A l'Exposition contemporaine sera jointe une Exposition rétrospective centennale, répartie entre les classes et résumant les progrès accomplis depuis 1800 dans les diverses branches de production.

ART. 4. Les machines de toute nature seront mises autant que possible en action sous les yeux du public, de manière à montrer leur mode de fonctionnement et à initier les visiteurs aux différentes fabrications.

Aʀᴛ. 5. Des expositions spéciales (exposition historique de l'art ancien, exposition anthropologique et ethnographique, etc.), des concours (concours de machines agricoles, concours d'animaux vivants, etc.), des auditions musicales et des congrès compléteront l'Exposition universelle de 1900 et feront l'objet de règlements spéciaux.

Aʀᴛ. 6. L'emplacement affecté à l'Exposition comprend notamment le Champ de Mars, le Trocadéro et ses abords, le quai d'Orsay, l'Esplanade des Invalides, le quai de la Conférence, le Cours-la-Reine, le Palais de l'Industrie et les terrains avoisinant ce palais entre son axe longitudinal prolongé, l'avenue d'Antin et le Cours-la-Reine.

Aʀᴛ. 7. Conformément au décret du 9 septembre 1893, les services de l'Exposition relèvent du Ministre du commerce, de l'industrie, des postes et des télégraphes, et sont dirigés par un Commissaire général.

Ils se répartissent entre la direction générale de l'exploitation, la direction des services d'architecture, la direction des services de la voirie, des parcs et jardins, de l'eau et de l'éclairage, la direction des finances, le secrétariat général, le service du contentieux et le service des fêtes.

Ceux de la direction générale de l'exploitation sont partagés entre le directeur général et le directeur général adjoint, conformément aux bases fixées par l'arrêté ministériel du 10 octobre 1893. Les directeurs généraux sont appelés à se suppléer réciproquement dans toutes leurs attributions et prérogatives, en cas d'absence ou d'empêchement de l'un d'eux.

Les directeurs généraux, les directeurs, le secrétaire général et les chefs de service exercent leurs attributions sous l'autorité du Commissaire général, à qui sont notamment soumis les projets et plans généraux mentionnés au titre V.

En cas d'empêchement du Commissaire général, le directeur général de l'exploitation est appelé à le suppléer.

Aʀᴛ. 8. Les directeurs généraux, les directeurs, le secrétaire général et les chefs de service sont réunis en comité sous la présidence du Commissaire général, pour l'étude des questions communes à plusieurs services.

Le directeur général de l'exploitation est vice-président du Comité des directeurs.

Art. 9. Une commission consultative, dite *Commission supérieure de l'Exposition*, est instituée au Ministère du commerce, de l'industrie, des postes et des télégraphes.

Cette Commission, présidée par le Ministre du commerce, de l'industrie, des postes et des télégraphes, a pour vice-présidents le Ministre de l'instruction publique et des beaux-arts, le Ministre de l'agriculture et le Commissaire général.

Les directeurs généraux, les directeurs et le secrétaire général en sont membres de droit avec voix délibérative.

Art. 10. Des comités techniques ou administratifs peuvent être constitués auprès du Commissariat général par arrêté du Ministre du commerce, de l'industrie, des postes et des télégraphes, sur la proposition du Commissaire général.

Art. 11. Les ministères et les administrations publiques accréditent des délégués pour organiser leurs expositions particulières.

Ces délégués sont placés sous l'autorité du Commissaire général.

Art. 12. Chacune des nations étrangères qui participent à l'Exposition doit se faire représenter par un délégué auprès du Commissaire général.

. Ce délégué est seul chargé de traiter avec le Commissaire général, les directeurs généraux et les directeurs, les questions qui intéressent ses nationaux, notamment celles qui sont relatives à la répartition des espaces entre les divers pays, aux constructions spéciales, à l'admission des produits et à leur installation.

En conséquence, l'Administration de l'Exposition ne correspond pas directement avec les exposants étrangers.

Il ne peut être dérogé à ces dispositions que pour l'Exposition rétrospective centennale.

TITRE II.

CLASSIFICATION GÉNÉRALE.

Art. 13. Les objets exposés seront répartis entre dix-huit groupes :

Groupe I.   Éducation et enseignement. (Classes 1 à 6.)
— II.   OEuvres d'art. (Classes 7 à 10.)
— III.   Instruments et procédés généraux des lettres, des sciences et des arts. (Classes 11 à 18.)

Groupe IV. Matériel et procédés généraux de la mécanique. (Classes 19 à 22.)
— V. Électricité. (Classes 23 à 27.)
— VI. Génie civil. — Moyens de transport. (Classes 28 à 34.)
— VII. Agriculture. (Classes 35 à 42.)
— VIII. Horticulture. (Classes 43 à 48.)
— IX. Forêts. — Chasse. — Pêche. — Cueillettes. (Classes 49 à 54.)
— X. Aliments. (Classes 55 à 61.)
— XI. Mines. — Métallurgie. (Classes 62 à 64.)
— XII. Décoration et mobilier des édifices publics et des habitations. (Classes 65 à 74.)
— XIII. Fils, tissus, vêtements. (Classes 75 à 85.)
— XIV. Industrie chimique. (Classes 86 à 90.)
— XV. Industries diverses. (Classes 91 à 99.)
— XVI. Économie sociale. — Hygiène, assistance publique. (Classes 100 à 111.)
— XVII. Colonisation. (Classes 112 à 114.)
— XVIII. Armées de terre et de mer. (Classes 115 à 120.)

Art. 14. Chacun de ces groupes est divisé en classes, suivant le système de la classification générale annexée au présent règlement.

Cette classification énumère sommairement les objets que chaque classe doit renfermer. L'énumération n'est pas limitative; en cas de doute sur le classement d'un objet, il sera statué par la Direction générale de l'exploitation.

Les modifications de détail qu'il pourrait être ultérieurement nécessaire d'apporter à la répartition des objets entre les classes seront approuvées par arrêté du Ministre du commerce, de l'industrie, des postes et des télégraphes, sur la proposition du Commissaire général.

TITRE III.

COMITÉS DÉPARTEMENTAUX.

Art. 15. Il est institué, dans chaque département de la République française (celui de la Seine excepté), un *Comité départemental*, dont les membres seront nommés par le Ministre du commerce, de l'industrie, des postes et des télégraphes, sur la proposition du Commissaire général, et qui aura pour mission :

1° De faire connaître dans toute l'étendue du département les actes officiels concernant l'organisation de l'Exposition et de distribuer les formules de demandes d'admission;

2° De signaler le plus tôt possible les principaux artistes, agriculteurs et industriels dont l'admission à l'Exposition semblerait particulièrement utile à l'éclat de cette solennité ;

3° De provoquer les expositions des produits agricoles, horticoles et industriels du département ;

4° De provoquer et d'organiser, s'il y a lieu, le groupement des produits similaires du département, et d'accréditer un délégué pour chaque exposition collective ;

5° De préparer, s'il y a lieu, par voie de souscription ou par toutes autres mesures, la création d'un fonds spécial pour faciliter la visite et l'étude de l'Exposition à un certain nombre de contremaîtres, d'ouvriers et de cultivateurs du département.

ART. 16. Le Comité départemental siégera au chef-lieu du département.

Il se subdivisera en sous-comités siégeant dans les chefs-lieux d'arrondissement, y compris le chef-lieu du département.

ART. 17. Le Comité et les sous-comités éliront leur bureau.

La présidence d'honneur du Comité départemental appartiendra au préfet. Celle des sous-comités est attribuée aux sous-préfets, et, pour le sous-comité siégeant au chef-lieu du département, au préfet, ou, en son absence, au secrétaire général.

ART. 18. Le Comité départemental correspondra, par l'intermédiaire de son président, avec le Commissaire général et la Direction générale de l'exploitation.

TITRE IV.

ADMISSION DES ŒUVRES ET PRODUITS.

a. Œuvres d'art.

ART. 19. L'Exposition contemporaine est ouverte aux œuvres des artistes français et étrangers exécutées depuis le 1ᵉʳ mai 1889.

ART. 20. Sont exclus :

1° Les copies, même celles qui reproduisent un ouvrage dans un genre différent de celui de l'original ;

2° Les tableaux, dessins ou gravures qui ne sont pas encadrés ;

3° Les gravures obtenues par des procédés industriels ;

4° Les sculptures en terre non cuite.

Art. 21. Les demandes d'admission seront spéciales à chaque genre et conformes aux modèles arrêtés par le Commissaire général. Elles contiendront la désignation des œuvres, leurs dimensions et l'indication des expositions où ces œuvres auraient déjà figuré.

Des formules imprimées seront mises gratuitement à la disposition des artistes, au Commissariat général de l'Exposition (Service des beaux-arts) et aux autres lieux de distribution qui seraient ultérieurement déterminés.

Le nombre des ouvrages que peut exposer chaque artiste est limité à dix.

Art. 22. Les artistes français et ceux des colonies devront déposer leurs demandes au Commissariat général (Service des beaux-arts), du 16 au 31 mai 1899.

Art. 23. Ces demandes seront soumises, du 1er au 30 juin 1899, à l'examen d'un jury divisé en quatre *comités* correspondant : le premier, à la classe 7 (Peintures. — Cartons. — Dessins); le deuxième, à la classe 8 (Gravure et lithographie); le troisième, à la classe 9 (Sculpture et gravure en médailles et sur pierres fines); le quatrième, à la classe 10 (Architecture).

Les comités seront formés, chacun : 1° pour un quart, de membres de l'Académie des beaux-arts, désignés par le Ministre de l'instruction publique et des beaux-arts, et par le Ministre du commerce, de l'industrie, des postes et des télégraphes, sur la proposition du directeur des beaux-arts et l'avis du Commissaire général; 2° pour un quart, de membres pris en dehors de l'Académie et nommés dans les mêmes conditions; 3° pour un quart, de membres désignés par la Société des artistes français; 4° pour le dernier quart, de membres désignés par la Société nationale des beaux-arts.

Chaque comité élira parmi ses membres un président, un vice-président, un rapporteur et un secrétaire.

Les présidents, vice-présidents, rapporteurs et secrétaires des quatre comités se réuniront en *Comité central* pour statuer en dernier ressort sur les propositions qui lui seront soumises par ces comités. Le bureau du comité central sera composé du Ministre de l'instruction publique et des beaux-arts, président; du directeur des beaux-arts, vice-président, et de secrétaires nommés par le Ministre des beaux-arts.

Art. 24. Le jury dressera et fera parvenir au Commissaire général, par l'intermédiaire du directeur des beaux-arts, le 1ᵉʳ juillet 1899, une première liste des admissions susceptibles d'être prononcées sans examen des œuvres elles-mêmes.

Les ouvrages qui n'auraient pas été admis dans ces conditions devront être déposés francs de port au palais des Champs-Élysées, du 5 au 20 janvier 1900, pour y être examinés par le jury.

Il en sera de même des ouvrages que les artistes inscrits avant le 1ᵉʳ juin 1899 présenteraient en surplus. Ces ouvrages feront l'objet d'une demande d'admission déposée au Commissariat général (Service des beaux-arts), avant le 1ᵉʳ janvier 1900.

A la suite de l'examen de ces deux catégories d'ouvrages, le jury dressera et fera parvenir au Commissaire général, par l'intermédiaire du directeur des beaux-arts, le 31 janvier 1900 au plus tard, une seconde liste d'admission.

Art. 25. L'admission des œuvres étrangères sera prononcée par le Commissaire général sur la demande du commissaire de la nation à laquelle appartiendra l'artiste et sur la proposition du directeur des beaux-arts.

Aucune proposition ne sera recevable après le 31 décembre 1899.

Art. 26. Les artistes étrangers dont le pays ne serait pas représenté par un commissaire délégué devront remettre leurs demandes au Commissariat général (Service des beaux-arts) avant le 1ᵉʳ décembre 1899 et déposer leurs ouvrages francs de port au palais des Champs-Élysées, du 5 au 20 décembre 1899.

Un jury spécial, composé de Français et d'étrangers, sera institué par le Ministre de l'instruction publique et des beaux-arts, et par le Ministre du commerce, de l'industrie, des postes et des télégraphes, pour l'examen de ces ouvrages. Il fera parvenir ses propositions au Commissaire général par l'intermédiaire du directeur des beaux-arts, le 31 décembre 1899 au plus tard.

Art. 27. Les artistes dont les ouvrages auront été admis recevront du Commissaire général, par l'intermédiaire du directeur des beaux-arts, un certificat d'admission.

Aussitôt après et, dans tous les cas, avant le 15 février 1900, ils fourniront, pour leurs ouvrages, une notice contenant les nom et prénoms de l'auteur, le lieu et la date de sa naissance, le nom de ses maîtres, la mention de ses récompenses aux expositions de Paris, le sujet et les dimensions de l'ouvrage, enfin le nom du propriétaire. Cette notice sera conforme au modèle mis à la disposition des intéressés.

Art. 28. Une ou plusieurs commissions spéciales seront instituées par le Ministre de l'instruction publique et des beaux-arts, de concert avec le Ministre du commerce, de l'industrie, des postes et des télégraphes, sur la proposition du directeur des beaux-arts et après avis du Commissaire général, pour préparer l'Exposition centennale. Ces commissions, présidées par le directeur des beaux-arts, éliront parmi leurs membres un vice-président, un rapporteur et un ou plusieurs secrétaires.

Le Commissaire général arrêtera, sur leur proposition, la liste des ouvrages admis et délivrera les certificats d'admission, par l'intermédiaire du directeur des beaux-arts.

b. Produits industriels ou agricoles et objets divers autres que les œuvres d'art.

Art. 29. Les produits industriels ou agricoles, et d'une manière générale tous les objets rentrant dans la classification annexée au présent règlement, sont admissibles à l'Exposition contemporaine, sauf les exceptions et réserves mentionnées à l'article suivant.

Art. 30. Sont exclues les matières dangereuses, notamment les matières fulminantes ou détonantes.

Ne seront reçus que dans des vases solides, appropriés et de dimensions restreintes, les esprits ou alcools, les huiles et les essences, les matières corrosives, et généralement les corps qui peuvent altérer les autres produits exposés ou incommoder le public.

Les amorces, les pièces d'artifice, les allumettes chimiques et autres objets analogues ne pourront être admis qu'à l'état d'imitation et sans aucune addition de matière inflammable.

Art. 31. Les demandes d'admission seron' conformes aux modèles arrêtés par le Commissaire général.

Des formules imprimées seront mises gratuitement à la disposition du public : 1° à Paris, au Commissariat général (Direction générale de l'exploitation), au tribunal de commerce et à la chambre de commerce; 2° dans les départements, aux préfectures, sous-préfectures, chambres de commerce, tribunaux de commerce, chambres consultatives des arts et manufactures, ainsi qu'aux sièges des comités départementaux; 3° aux autres lieux de distribution qui seraient ultérieurement déterminés.

ART. 32. Les constructeurs d'appareils exigeant l'emploi de l'eau, du gaz ou de la vapeur devront déclarer, dans leur demande d'admission, la quantité d'eau, de gaz ou de vapeur qui leur sera nécessaire.

Ceux qui voudront mettre des machines en mouvement indiqueront la vitesse propre de chacune de ces machines et la force motrice dont elle aura besoin.

ART. 33. Les demandes d'admission des producteurs français devront être remises au Commissariat général (Direction générale de l'exploitation) avant le 1ᵉʳ février 1899.

Celles de Paris et du département de la Seine seront envoyées directement au Commissariat général (Direction générale de l'exploitation); celles des départements autres que celui de la Seine le seront par l'intermédiaire des comités départementaux.

ART. 34. Les demandes seront soumises, par classe, à l'examen de *comités d'admission*. Ces comités, nommés par le Ministre du commerce, de l'industrie, des postes et des télégraphes, sur la proposition du Commissaire général, éliront parmi leurs membres un président, un vice-président, un rapporteur et un secrétaire.

Pour chaque groupe, les présidents réunis des comités de classe formeront un *comité de groupe*, qui élira son président et désignera comme secrétaire l'un des secrétaires de classe du groupe. Ce comité connaîtra des questions communes aux différentes classes, et notamment des difficultés concernant la répartition des espaces ou l'attribution des objets à exposer. Les rapporteurs des comités de classe assisteront à ses séances avec voix consultative.

Il est institué un *Comité supérieur de revision*, qui comprendra : 1° un président, deux vice-présidents et deux secrétaires nommés par le Ministre du commerce, de l'industrie, des postes et des télégraphes sur la proposition du Commissaire général, en dehors des membres des comités d'admission; 2° les présidents de tous les comités de groupe. Ce comité connaîtra des difficultés entre les groupes et sera, en outre, chargé de dresser la liste définitive des exposants admis. Les secrétaires des comités de groupe assisteront à ses séances avec voix consultative.

Le Commissaire général et les directeurs généraux de l'exploitation ou les fonctionnaires délégués par ces directeurs généraux pourront assister aux séances des comités de classe, des comités de groupe et du Comité supérieur de revision.

Accessoirement à leur rôle principal, les comités d'admission auront à remplir, pour le département de la Seine, les fonctions de comité départemental.

Art. 35. La liste définitive des exposants à admettre sera remise au Commissariat général (Direction générale de l'exploitation), le 15 février 1899 au plus tard.

Aussitôt après, les intéressés recevront de la Direction générale de l'exploitation avis de leur admission provisoire. Toutefois cette admission ne deviendra définitive et les certificats ne seront délivrés que lorsqu'un accord sera intervenu entre les exposants et les comités d'installation au sujet de la répartition des espaces et du payement des dépenses incombant à ces comités.

Art. 36. L'admission des objets à exposer par les administrations publiques dans les pavillons spéciaux construits au moyen des ressources de leur budget sera prononcée par la Direction générale de l'exploitation, qui devra être saisie des demandes avant le 16 février 1899.

Art. 37. L'admission des objets à l'exposition des colonies ou des pays placés sous le protectorat de la France sera prononcée par la Direction générale de l'exploitation, sur la proposition du délégué officiel représentant ces colonies ou ces pays de protectorat, quand ils devront prendre place dans des pavillons spéciaux. Aucune proposition ne sera recevable après le 15 février 1899.

Pour les objets qui devraient être exceptionnellement incorporés à l'exposition générale de la classe correspondante, la procédure d'instruction des demandes d'admission sera la même que pour les produits de la métropole. Les demandes seront remises au Commissariat général (Direction générale de l'exploitation), avant le 1er février 1899, par l'intermédiaire du délégué officiel.

Art. 38. L'admission des produits étrangers sera prononcée par la Direction générale de l'exploitation, sur la proposition du commissaire délégué de la nation à laquelle appartiendra l'exposant. Aucune proposition ne sera recevable après le 15 février 1899.

Pour les objets qui devraient exceptionnellement prendre place dans l'exposition générale de la classe, la Direction générale de l'exploitation devra être saisie, avant le 1ᵉʳ février 1899, de la proposition du commissaire délégué et prendre l'avis du comité d'admission.

Art. 39. Les demandes émanant des pays qui n'auraient pas de commissaire délégué seront présentées et instruites dans les mêmes formes que les demandes relatives aux produits français.

Art. 40. Les comités d'admission prépareront, chacun pour sa classe, l'organisation de l'Exposition centennale.

Sur leur proposition, la Direction générale de l'exploitation arrêtera la liste des objets admis et délivrera les certificats d'admission.

TITRE V.

EXPÉDITION, RÉCEPTION, INSTALLATION ET RÉEXPÉDITION
DES OEUVRES ET PRODUITS.

a. Œuvres d'art.

Art. 41. Les ouvrages admis devront être déposés, du 15 au 20 février 1900, dans le palais destiné à les recevoir.

Un arrêté du Commissaire général déterminera les règles de détail relatives à l'entrée et à la sortie des œuvres d'art.

Art. 42. Pour l'Exposition contemporaine, tous les frais d'emballage, de transport, de déballage, de conservation des caisses, de réemballage et de réexpédition seront à la charge des exposants.

L'Administration des beaux-arts pourra prendre ces frais à son compte pour l'Exposition centennale.

Art. 43. L'installation des ouvrages admis, la décoration des salles et le gardiennage intérieur du palais seront assurés et payés par l'Administration des beaux-arts.

Tout arrangement spécial que les commissaires étrangers obtiendraient l'autorisation de réaliser, en dehors de l'aménagement prévu, demeurerait à leur charge.

Art. 44. Aucun ouvrage ne pourra être retiré avant la clôture de l'Exposition sans une autorisation spéciale délivrée par le Commissaire général sur la proposition du directeur des beaux-arts.

Art. 45. Les ouvrages exposés devront être enlevés dans le mois qui suivra la clôture de l'Exposition.

b. Produits industriels ou agricoles et objets divers autres que les œuvres d'art.

Art. 46. Les objets admis seront introduits dans l'Exposition, du 1er décembre 1899 au 28 février 1900.

Des arrêtés du Commissaire général fixeront les règles de détail relatives à l'entrée, à l'installation et à la sortie de ces objets.

Les exposants seront avisés en temps utile des réductions de tarifs qui seraient consenties par les compagnies de chemins de fer et par les entreprises de navigation maritime pour le transport des objets, soit à l'aller, soit au retour.

Art. 47. Aucun loyer ne sera exigé des exposants pour les emplacements qu'ils occuperont dans les palais et pavillons construits par l'Administration de l'Exposition.

L'eau, le gaz, la vapeur et la force motrice nécessaires au fonctionnement des appareils exposés seront fournis gratuitement. Mais les exposants devront établir à leurs frais les branchements sur les conduites de distribution d'eau, de gaz ou de vapeur, ainsi que les transmissions intermédiaires destinées à recueillir la force motrice sur les arbres de transmission générale.

Art. 48. Pour l'Exposition contemporaine, les exposants auront à supporter tous les frais d'emballage, de transport, de déballage, de conservation des caisses, d'installation, de réemballage et de réexpédition.

Les frais d'installation comprennent l'établissement des planchers, en dehors des chemins de circulation générale, ainsi que la fourniture, la pose, la garniture et la décoration des cloisons séparatives, des portiques, des velums ou faux plafonds, des vitrines et des meubles d'exposition, le tout d'après les plans adoptés par la Direction générale de l'exploitation. En ce qui concerne les planchers, cloisons et velums ou faux plafonds, l'Administration se réserve, dans un intérêt d'homogénéité et d'économie, d'exécuter elle-même tout ou partie des travaux, pour le compte des comités de classe, des administrations publiques et des commissions étrangères, qui auront à pourvoir au payement des dépenses ainsi faites.

Un crédit spécial pourra être mis par le Ministre du commerce, de l'industrie, des postes et des télégraphes à la disposition du Commissaire général, afin d'exonérer des exposants ouvriers de leur part dans les frais généraux d'installation de la classe.

Pour l'Exposition centennale, l'Administration de l'Exposition pourra prendre à son compte tout ou partie des frais définis au présent article.

Aᴿᴛ. 49. Aucune construction particulière ne pourra être élevée par les exposants sans que les projets de construction et d'aménagement intérieur aient été approuvés par l'Administration de l'Exposition.

Les terrassements et les plantations aux abords devront être également autorisés; la dépense en sera supportée par les exposants.

Aᴿᴛ. 50. Il sera institué, pour chaque classe des groupes autres que celui des œuvres d'art, un *comité d'installation* de l'exposition française contemporaine, chargé : 1° de répartir les espaces entre les exposants, conformément aux décisions du comité d'admission; 2° de dresser et de soumettre à la Direction générale de l'exploitation les plans d'installation et de décoration; 3° d'en assurer l'exécution et de pourvoir à l'entretien ainsi qu'au gardiennage; 4° de répartir les dépenses entre les intéressés et de percevoir les cotisations, sans aucune intervention de l'Administration.

Le bureau du comité d'admission sera de droit celui du comité d'installation, qui comprendra en outre : 1° quatre membres exposants du comité d'admission, nommés par le Ministre du commerce, de l'industrie, des postes et des télégraphes, sur la proposition du Commissaire général; 2° quatre membres pris parmi les exposants admis provisoirement et élus par ces derniers. Seront éligibles, au même titre que les autres exposants, les membres du comité d'admission. Pour certaines classes, le nombre de quatre pourra être exceptionnellement augmenté ou réduit par décision spéciale du Ministre, sur la proposition du Commissaire général.

Un trésorier sera élu dans le sein du comité. L'élection pourra porter sur le secrétaire de la classe.

Les comités d'installation désigneront un architecte ou un ingénieur auquel sera confié le soin d'exécuter les travaux collectifs sous la surveillance et le contrôle des agents de l'Administration, et qui devra être agréé par le Commissaire général, sur la proposition de la Direction générale de l'exploitation,

Ils seront formés de manière à entrer en fonctions dès le 1ᵉʳ mars 1899.

Les *comités de groupe* et le *Comité supérieur de revision*, institués par l'article 34 du présent décret, connaîtront respectivement des questions communes aux classes ou aux groupes.

Le Commissaire général et les directeurs généraux de l'exploitation ou les fonctionnaires délégués par ces directeurs généraux pourront assister aux séances des comités de classe, des comités de groupe et du Comité supérieur de revision.

Art. 51. Par dérogation au deuxième paragraphe du précédent article, les comités d'admission du groupe de l'horticulture, qui auraient à rester en fonctions pendant la durée de l'Exposition pour prononcer sur l'admission aux concours temporaires, rempliront le rôle de comités d'installation.

Art. 52. Les administrations publiques et les commissions étrangères feront elles-mêmes leurs installations dans les pavillons spéciaux qu'elles auront élevés ou dans les parties des palais généraux qui leur auront été spécialement affectées. Elles devront soumettre leurs plans d'ensemble à l'agrément de la Direction générale de l'exploitation.

Pour les objets destinés à prendre place dans les pavillons spéciaux des colonies ou des pays de protectorat, l'installation sera effectuée dans les mêmes conditions par les délégués officiels représentant ces colonies ou pays de protectorat.

Art. 53. Les objets venant de pays qui n'auraient pas de commissaire délégué et les autres produits étrangers qui devraient être exceptionnellement incorporés à l'exposition générale de la classe correspondante seront installés par les comités au même titre que les produits français.

Art. 54. Les comités d'installation de l'exposition française contemporaine seront chargés, conjointement avec la Direction générale de l'exploitation, de préparer les plans et d'assurer l'organisation de l'Exposition centennale.

Art. 55. Tous les produits seront exposés sous le nom du signataire de la demande d'admission. Cette condition est de rigueur.

Les exposants sont autorisés à inscrire, à la suite de leur nom ou de leur raison sociale, les noms des coopérateurs de tout genre et de tout grade qui auraient contribué au mérite des objets exposés.

Art. 56. Pour faciliter le travail d'appréciation du jury et pour édifier le public, les exposants sont expressément invités à indiquer le prix marchand des objets exposés dans les sections contemporaines.

Art. 57. Les exposants de produits incommodes ou insalubres devront se conformer en tout temps aux mesures qui leur seront prescrites par le Commissariat général dans l'intérêt de l'hygiène, de la salubrité et de la sécurité publiques.

Art. 58. A toute époque, la Direction générale de l'exploitation pourra faire retirer les objets qui, par leur nature ou par leur aspect, lui paraîtraient nuisibles ou incompatibles avec le but ou les convenances de l'Exposition.

Art. 59. Aucun objet ne pourra être enlevé avant la clôture de l'Exposition sans une autorisation spéciale délivrée par la Direction générale de l'exploitation.

Cette interdiction ne s'appliquera pas aux produits que certains exposants seraient autorisés à fabriquer sous les yeux des visiteurs.

Art. 60. Les produits exposés, ainsi que les installations et constructions de toute nature, devront être enlevés au plus tard dans un délai de six semaines à compter de la clôture de l'Exposition.

Passé ce délai, l'Administration y procédera d'office aux frais et risques des exposants. Elle consignera, à leur compte, les objets et matériaux dans un magasin public.

Faute de retrait et de remboursement des débours faits par l'Administration, avant le 30 juin 1901, les objets et matériaux ainsi consignés seront vendus publiquement; le produit net de la vente sera versé dans les caisses de l'Assistance publique.

TITRE VI.

RÉGIME AU POINT DE VUE DES DOUANES, DES CONTRIBUTIONS INDIRECTES ET DE L'OCTROI.

a. **Douanes** [1].

Art. 61. Les locaux affectés à l'Exposition universelle de 1900 sont constitués en entrepôt réel des douanes.

[1] Extrait du décret du 28 juillet 1894.

Art. 62. Les produits étrangers destinés à l'Exposition peuvent entrer en France par tous les bureaux ouverts au transit.

Ils doivent être accompagnés d'un bulletin de l'expéditeur, annexé à l'acquit de transit, et indiquant leur nature, leur espèce, leur poids, ainsi que leur origine.

Art. 63. Les envois sont expédiés directement sur les locaux de l'Exposition, sous les conditions du transit international ou du transit ordinaire, au choix des intéressés.

Ils sont exonérés du droit de statistique.

L'expédition par transit international ou ordinaire a lieu sans visite à la frontière.

Les plombs sont apposés gratuitement.

Art. 64. Les produits étrangers reçus dans les locaux de l'Exposition sont pris en charge, conformément aux règles applicables en matière d'entrepôt, par le service spécial des douanes attaché à l'Exposition.

Ceux qui seraient livrés ultérieurement à la consommation ne supporteront, quelle que soit leur origine, que les droits applicables aux produits similaires de la nation la plus favorisée.

Art. 65. Les objets fabriqués dans l'enceinte de l'Exposition avec des matières d'origine étrangère importées sous le régime de douane ne sont assujettis à d'autres droits que ceux afférents à la matière importée et mise en œuvre.

b. Contributions indirectes [1].

Art. 66. Les produits français passibles de taxes perçues par l'administration des Contributions indirectes (boissons, produits divers à base d'alcool, vinaigres, huiles, bougies, cierges, sucres, etc.) sont expédiés vers l'Exposition sous des acquits-à-caution spéciaux et placés sous le régime du transit et de l'entrepôt.

Ces produits ne subissent aucune vérification et n'acquittent aucun droit aux entrées de Paris. Ils sont escortés gratuitement par le service de l'octroi jusqu'à destination.

Art. 67. La fabrication des tabacs au moyen des machines et appareils exposés peut être autorisée à titre de démonstration du fonctionnement de

---

[1] Extrait du décret du 28 juillet 1894.

ces machines et appareils, sous la réserve expresse que les produits ainsi obtenus acquitteront les droits fixés par la loi, et sous les autres conditions à déterminer par un règlement ultérieur.

Art. 68. Les ouvrages d'or et d'argent de fabrication française peuvent être dirigés sur l'Exposition sans être revêtus des marques légales.

Pour bénéficier de cette disposition, les exposants doivent préalablement faire parvenir au chef du service de la garantie, à Paris, une liste détaillée par nombre et par poids de ces ouvrages, et prendre l'engagement de représenter les objets, lors de la clôture de l'Exposition, aux contrôleurs de la garantie chargés de la surveillance.

c. Octroi.

Art. 69. Les produits français passibles de taxes d'octroi sont placés sous le régime de l'entrepôt.

Ces produits ne subissent aucune vérification et n'acquittent aucun droit aux entrées de Paris. Ils sont escortés gratuitement par le service de l'octroi jusqu'à destination.

TITRE VII.

PROTECTION DES OBJETS EXPOSÉS.

Art. 70. Aucune œuvre d'art, aucun produit exposé dans les palais, les parcs ou les jardins, ne pourra être dessiné, copié ou reproduit, sous une forme quelconque, sans une autorisation de l'exposant visée par la Direction générale de l'exploitation.

Toutefois le Commissaire général pourra autoriser la reproduction des vues d'ensemble.

Art. 71. Dans les délais et les conditions déterminés par la loi du 23 mai 1868 sur la garantie des inventions susceptibles d'être brevetées et des dessins de fabrique, les exposants jouiront des droits et immunités qu'accorde cette loi.

Art. 72. L'Administration prendra des mesures pour protéger contre toute avarie les objets exposés.

Néanmoins elle ne sera en aucun cas responsable des incendies ou des autres accidents dont les objets figurant aux sections contemporaines auraient à souffrir, quelles que soient la cause et l'importance du dommage. Les exposants auront à assurer leurs produits, directement et à leurs frais, s'ils jugent à propos de le faire.

L'Administration assume, au contraire, la responsabilité des avaries pour les objets admis aux sections rétrospectives, mais seulement jusqu'à concurrence des sommes qui auront été fixées d'un commun accord avec les exposants et inscrites au certificat d'admission.

Art. 73. Bien que repoussant toute responsabilité pour les vols et détournements qui pourraient être commis, l'Administration de l'Exposition organisera une surveillance générale destinée à prévenir ces délits.

En dehors de cette surveillance générale, les comités d'installation, les délégués des administrations publiques et les commissaires étrangers auront à pourvoir au gardiennage de leurs salles.

Les gardiens ainsi institués devront être agréés par la Direction générale de l'exploitation, qui pourra exiger leur révocation dans le cas où ils manqueraient à leurs devoirs, et même prononcer d'office cette révocation s'ils étaient surpris en état d'ivresse ou s'ils commettaient un acte d'improbité.

Ces agents seront en même temps chargés du nettoyage des salles. Ils porteront un uniforme ou des emblèmes distinctifs et seront notamment revêtus, dans la section française, d'insignes indiquant le numéro de la classe confiée à leur surveillance.

En toute circonstance, les gardiens pourront requérir l'assistance de la police. Les gardiens français prêteront, le cas échéant, leur concours aux gardiens étrangers.

Ils devront, les uns et les autres, obéissance au personnel de l'Administration de l'Exposition pour tout ce qui concerne l'application et l'observation des règlements d'ordre intérieur.

Un arrêté du Commissaire général fixera les règles de détail relatives au gardiennage et au nettoyage des salles et locaux d'exposition.

TITRE VIII.

CATALOGUE DES ŒUVRES ET PRODUITS EXPOSÉS.

Art. 74. Il sera dressé, en langue française, un catalogue méthodique et complet des œuvres et produits de toutes les nations, avec indication du nom des exposants et des places occupées dans les palais, parcs ou jardins.

Des décisions ultérieures prises par le Ministre du commerce, de l'industrie, des postes et des télégraphes, sur la proposition du Commissaire général, régleront le mode de publication de ce catalogue et fixeront le nombre de lignes accordées aux exposants.

Art. 75. Chaque nation aura le droit d'imprimer et de publier à ses frais, risques et périls, un catalogue spécial des produits exposés dans sa section.

L'Administration réglementera la vente des catalogues de cette nature dans l'enceinte de l'Exposition et percevra une redevance à son profit.

TITRE IX.

RÉCOMPENSES AUX EXPOSANTS. — DIPLÔMES COMMÉMORATIFS.

a. Organisation et opérations du jury international.

Art. 76. L'appréciation et le jugement des œuvres et produits faisant partie de l'Exposition contemporaine seront confiés à un jury international qui comportera trois degrés de juridiction : *jurys de classe, jurys de groupe, jury supérieur.*

Art. 77. Les *jurys de classe* se composeront de membres titulaires et de membres suppléants. Ceux-ci n'auront voix délibérative que lorsqu'ils occuperont la place de jurés titulaires absents.

Pour l'ensemble des classes, le nombre total des membres titulaires français ou étrangers sera réglé au soixantième environ du nombre des exposants. Le nombre total des membres suppléants français ou étrangers ne pourra être supérieur au tiers du nombre des membres titulaires.

Dans chaque classe, le nombre des membres titulaires pour chaque branche d'art ou d'industrie et pour chaque nationalité sera, autant que possible, proportionnel au nombre des exposants et à l'importance des expositions.

La désignation des jurés français titulaires ou suppléants sera préparée par le Commissaire général avec le concours des directeurs généraux de l'exploitation et du directeur des beaux-arts pour le groupe des œuvres d'art, et faite par décret sur la proposition du Ministre du commerce, de l'industrie, des postes et des télégraphes, concertée avec le Ministre de l'instruction publique et des beaux-arts, pour le groupe des œuvres d'art. Ils seront choisis dans les grands corps de l'État, les académies, les grandes administrations, les corps constitués, et, pour le plus grand nombre, parmi les personnes ayant obtenu, comme exposants ou comme jurés nommés par le Gouvernement français, de hautes récompenses aux Expositions universelles internationales de Paris, Londres, Vienne, Philadelphie, Sydney, Melbourne, Amsterdam, Anvers, Barcelone, Bruxelles et Chicago.

Les jurés étrangers titulaires ou suppléants seront désignés, pour chaque nationalité, par les commissaires de leur pays, qui devront avoir fait connaître leurs choix au Commissaire général avant l'ouverture de l'Exposition.

Chaque jury de classe élira son bureau composé d'un président, d'un vice-président, d'un rapporteur et d'un secrétaire. Le président et le vice-président devront être de nationalités différentes : l'un Français, l'autre étranger.

Sauf pour le groupe des œuvres d'art, les jurys de classe auront la faculté de s'adjoindre, à titre d'associés ou d'experts, une ou plusieurs personnes compétentes sur quelques-unes des matières soumises à leur examen. Ces associés ou experts pourront être pris parmi les jurés titulaires ou suppléants d'une classe quelconque et parmi les hommes de la spécialité requise, en dehors du jury. Ils devront être agréés par le Commissaire général sur la proposition de la Direction générale de l'exploitation, ne prendront part aux travaux du jury que pour l'objet spécial de leur convocation et auront seulement voix consultative.

Deux jurys de classe pourront être réunis par décision du Commissaire général pour le jugement d'objets déterminés, quand cette réunion sera utile à l'accomplissement de leur mission.

ART. 78. Les *jurys de groupe* comprendront : 1° un président, deux ou trois vice-présidents et un secrétaire, qui pourront être choisis en dehors des jurys de classe et dont la désignation, préparée par le Commissaire général avec le concours des directeurs généraux de l'exploitation et du directeur des beaux-arts pour le groupe des œuvres d'art, sera faite par décret sur la proposition du Ministre du commerce, de l'industrie, des postes et des télégraphes, concertée avec le Ministre de l'instruction publique et des beaux-arts pour le groupe des œuvres d'art; 2° les présidents, vice-présidents et rapporteurs des jurys de classe.

Art. 79. Un décret ultérieur fixera la composition du *jury supérieur* et en désignera les membres ainsi que le bureau.

Ce jury aura pour président d'honneur le Ministre du commerce, de l'industrie, des postes et des télégraphes, et pour vice-présidents d'honneur le Ministre de l'instruction publique et des beaux-arts, le Ministre de l'agriculture et le Commissaire général.

En feront partie de droit les présidents et vice-présidents des jurys de groupe, les commissaires délégués des pays qui compteront plus de 500 exposants inscrits au catalogue, les membres du Comité supérieur de revision, le directeur général et le directeur général adjoint de l'exploitation, les autres directeurs et le secrétaire général de l'Exposition, le directeur des beaux-arts, le directeur de l'agriculture et le délégué de l'Administration des colonies à l'Exposition.

Art. 80. Le Commissaire général et les directeurs généraux de l'exploitation seront chargés de préparer et de diriger les travaux du jury international. Ils veilleront à l'observation des règlements, s'assureront que les œuvres et produits d'aucun exposant n'ont échappé à l'examen du jury, recevront les observations et les réclamations des exposants à cet égard.

Pour l'accomplissement de cette tâche, le Commissaire général, les directeurs généraux de l'exploitation ou les fonctionnaires délégués par ces directeurs généraux auront entrée à toutes les séances des jurys de classe et des jurys de groupe, mais seulement afin de rappeler les faits et les dispositions réglementaires.

Art. 81. Chaque jury de classe procédera à l'examen des objets exposés et dressera : 1° une liste des exposants mis hors concours par application de l'article 89; 2° une liste, par ordre de mérite et sans distinction de nationalités, des récompenses qu'il propose de décerner aux exposants; 3° une liste semblable à la précédente pour les collaborateurs, ingénieurs, contremaîtres et ouvriers qui se seraient distingués particulièrement dans la production d'objets remarquables figurant à l'Exposition.

Pour les industries d'art, la liste des exposants à récompenser sera divisée en deux sections : l'une consacrée aux auteurs des dessins, cartons, maquettes, etc.; l'autre consacrée aux industriels.

Des sections distinctes seront également affectées au matériel ou aux procédés de production et aux produits, quand ces divers éléments se trouveront réunis dans une même classe.

Les listes, certifiées par les membres du bureau, seront remises au Commissariat général (Direction générale de l'exploitation) le 3o juin au plus tard, faute de quoi elles seraient établies d'office par le jury de groupe.

Art. 82. Chaque jury de groupe revisera les listes préparées par les jurys de classe et s'efforcera notamment d'assurer l'unité et l'harmonie dans l'attribution des récompenses.

Il s'adjoindra successivement chacun des jurys de classe pour les délibérations qui le concerneront.

Les listes revisées par les jurys de groupe seront remises au Commissariat général (Direction générale de l'exploitation) le 31 juillet au plus tard, faute de quoi il y serait pourvu d'office par le jury supérieur.

Art. 83. Le jury supérieur arrêtera en dernier ressort les listes, par ordre de mérite, des récompenses décernées aux exposants et collaborateurs dans chaque classe.

Ses travaux seront conduits de telle sorte que la distribution solennelle des récompenses puisse avoir lieu à la fin du mois d'août ou au commencement du mois de septembre.

Art. 84. Pour les expositions temporaires et concours auxquels donneront lieu les groupes de l'agriculture, de l'horticulture et des aliments, les opérations du jury international se poursuivront pendant toute la durée de l'Exposition.

Les jurys de classe dresseront des listes spéciales de propositions à la fin de chaque exposition temporaire ou de chaque concours.

Ces listes seront revisées et arrêtées en dernier ressort par les jurys de groupe, après la clôture de la série des expositions temporaires ou des concours du groupe.

Le jury supérieur n'interviendra qu'exceptionnellement dans le cas prévu par l'article 93.

Art. 85. Les délibérations du jury international à tous les degrés seront tenues rigoureusement secrètes.

Art. 86. Chacun des rapporteurs de jury de classe devra remettre au Commissaire général, dans le délai maximum de six mois après la clôture de l'Exposition, un rapport signalant les faits principaux constatés par le jury, relatant les progrès accomplis depuis 1889 et mettant en lumière la situation générale de la production à la fin du xixᵉ siècle.

Les rapports particuliers des classes seront rédigés et publiés sous la direction du Commissaire général et d'un rapporteur général désigné sur sa proposition, dès le début de l'Exposition, par le Ministre du commerce, de l'industrie, des postes et des télégraphes.

Art. 87. Le Gouvernement publiera une liste officielle des récompenses.

b. Récompenses. Diplômes commémoratifs.

Art. 88. Les récompenses aux exposants de l'Exposition contemporaine et à leurs collaborateurs seront décernées sous forme de diplômes signés par le Ministre du commerce, de l'industrie, des postes et des télégraphes, et par le Commissaire général. Elles se répartiront entre les catégories suivantes :

Diplômes de grand prix ;
Diplômes de médaille d'or ;
Diplômes de médaille d'argent ;
Diplômes de médaille de bronze ;
Diplômes de mention honorable.

Art. 89. Seront mis hors de concours, pour les récompenses, les exposants qui auront accepté les fonctions de juré, soit comme titulaires, soit comme suppléants.

Cette règle s'appliquera aux sociétés exposantes qui seraient représentées dans le jury soit par un administrateur, soit par un agent de quelque ordre que ce soit faisant partie de leur personnel permanent.

Les administrations publiques concourront aux récompenses, alors même que les fonctions de juré auraient été attribuées à l'un de leurs fonctionnaires.

Art. 90. Les exposants adjoints au jury en qualité d'associés ou d'experts seront hors concours pour la classe dans laquelle ils auront opéré.

Art. 91. Les producteurs exposant des objets différents dans plusieurs classes pourront recevoir des récompenses pour chacune de ces classes. Mais la pluralité des récompenses dans une même classe sera interdite.

Quand un même objet aura été apprécié par plusieurs jurys, l'exposant ne recevra que la récompense la plus élevée.

Art. 92. L'utilisation commune de vitrines ou autres meubles par plusieurs exposants n'empêchera pas ces exposants de concourir chacun pour la distribution des récompenses quand ils auront exposé à titre personnel et individuel.

Il ne sera attribué qu'une récompense aux expositions collectives. Toutefois, lorsque ces expositions seront plurinominales, chacun des membres participants recevra un diplôme portant tous les noms.

Le jury aura le droit de réunir en collectivités un certain nombre d'exposants, dans les groupes de l'agriculture, de l'horticulture et des aliments, et d'attribuer un diplôme unique aux personnes morales représentant ces groupements.

Art. 93. Bien que des récompenses spéciales doivent être instituées par les règlements spéciaux sur les expositions temporaires ou concours, les exposants du groupe de l'horticulture qui auront participé d'une manière suivie aux concours temporaires de ce groupe pourront être considérés comme des exposants permanents et obtenir l'une des récompenses définies à l'article 88.

Des propositions seront formulées en temps utile, à cet égard, par les jurys de classe et le jury de groupe. La décision appartiendra au jury supérieur ou à une délégation qu'il aura nommée dans ce but, si les concours ne sont pas clos avant la distribution générale des récompenses.

Les récompenses ainsi décernées postérieurement à cette distribution feront l'objet d'une liste supplémentaire.

Art. 94. Des diplômes commémoratifs, signés par le Ministre du commerce, de l'industrie, des postes et des télégraphes, et par le Commissaire général, pourront être décernés aux personnes qui auront prêté leur concours pour les expositions rétrospectives, ainsi qu'aux fonctionnaires ou agents de l'Exposition, aux membres des comités ou commissions et aux jurés.

TITRE X.

ENTRÉES.

Art. 95. Un règlement spécial des entrées à l'Exposition sera ultérieurement arrêté, sur la proposition du Commissaire général, par le Ministre du commerce, de l'industrie, des postes et des télégraphes, et par le Ministre des finances.

Les règles suivantes lui serviront de base.

Art. 96. Le prix normal qu'auront à payer les visiteurs, aux heures d'entrée générale, est fixé à 1 franc.

Des prix plus élevés seront perçus pour les entrées du matin. Il en sera de même pour les entrées du soir, sauf le dimanche et les jours qui seraient déterminés par des arrêtés spéciaux du Ministre du commerce, de l'industrie, des postes et des télégraphes, sur la proposition du Commissaire général.

Un tarif supérieur pourra également être mis en vigueur à des jours déterminés par décision spéciale du Ministre du commerce, de l'industrie, des postes et des télégraphes, sur la proposition du Commissaire général.

Art. 97. Des abonnements nominatifs et personnels pourront être institués soit pour toute la durée de l'Exposition, soit pour des périodes définies.

Art. 98. Chaque exposant dans les sections contemporaines aura droit à une carte d'entrée gratuite, nominative et personnelle, dont la validité pour les expositions temporaires sera restreinte à la durée de ces expositions. Les sociétés exposantes ne recevront qu'une seule carte.

A la demande de l'exposant, la carte pourra être délivrée au nom d'un représentant agréé par la Direction générale de l'exploitation, si la nature et l'importance des objets exposés paraissent à l'Administration comporter la présence assidue de ce représentant.

Les exposants pourront obtenir une ou plusieurs entrées gratuites pour les agents et ouvriers qu'ils emploieraient à l'entretien ou à la surveillance des objets exposés et dont la présence dans l'enceinte serait reconnue nécessaire par l'Administration.

La participation aux expositions rétrospectives ne donnera lieu à la délivrance d'une carte d'entrée gratuite que si l'Administration considère cette faveur comme justifiée par l'importance des objets exposés.

Art. 99. Des cartes de service seront attribuées aux membres de la Commission supérieure, aux fonctionnaires et agents du Commissariat général, aux représentants officiels des colonies françaises et des pays de protectorat, aux commissaires étrangers, aux membres des comités d'admission ou d'installation et du jury, ainsi qu'aux ingénieurs ou architectes chargés des installations.

La même mesure pourra être prise pour les membres des commissions d'organisation et des comités techniques ou administratifs institués auprès du Commissariat général.

Des entrées gratuites seront délivrées suivant les besoins du service aux concessionnaires, entrepreneurs, gardiens et ouvriers employés dans l'intérieur de l'Exposition.

Art. 100. Un certain nombre de cartes permanentes ou temporaires, mais toutes nominatives, seront mises à la disposition de la presse.

Art. 101. Il sera statué ultérieurement par le Ministre du commerce, de l'industrie, des postes et des télégraphes, après avis du Commissaire général, sur les entrées à prix réduit ou à titre gratuit qui pourraient être accordées à certaines catégories de visiteurs, dans l'intérêt du développement de l'éducation et de l'instruction publiques.

Art. 102. Des dispositions rigoureuses seront prises pour prévenir et empêcher les abus dans l'usage des cartes et des entrées gratuites ou à prix réduit.

TITRE XI.

CONCESSIONS.

Art. 103. Le Ministre du commerce, de l'industrie, des postes et des télégraphes pourra, sur la proposition du Commissaire général, autoriser des expositions particulières payantes, concéder des établissements de consommation ou de spectacle et accorder toutes autres concessions utiles à l'Exposition.

Ces autorisations et concessions seront soumises à redevance au profit du budget de l'Exposition.

Art. 104. Dans chaque cas, le cahier des charges spécifiera les règles relatives à la construction et à l'exploitation.

Les concessionnaires seront tenus, à toute époque, de se conformer aux injonctions qui leur seraient adressées par le Commissaire général dans l'intérêt de la sécurité, de la salubrité, de l'hygiène, de la décence et du bon ordre.

TITRE XII.

DISPOSITIONS ADMINISTRATIVES DIVERSES.

Art. 105. Aucune publicité par voie d'affiches, prospectus, etc., ne pourra être faite dans l'enceinte de l'Exposition par les exposants, par les concessionnaires ou par toute autre personne sans une autorisation régulière du Commissaire général et sans l'acquittement préalable des redevances qui seront exigées.

Art. 106. Les communications relatives à l'Exposition devront être adressées au Commissariat général, qui recevra ces correspondances en franchise conformément au décret du 24 octobre 1893.

Art. 107. Les Français et les étrangers, en acceptant la qualité d'exposant, se soumettent *ipso facto* aux dispositions du présent règlement et aux dispositions complémentaires qui seraient ultérieurement édictées par décret, par arrêté ministériel ou par arrêté du Commissaire général pour le bon ordre et la police de l'Exposition.

Art. 108. Le Ministre du commerce, de l'industrie, des postes et des télégraphes, et le Ministre de l'instruction publique et des beaux-arts sont chargés, chacun en ce qui le concerne, de l'exécution du présent décret, qui sera inséré au *Bulletin des lois* et publié au *Journal officiel* de la République française.

Fait à Paris, le 4 août 1894.

CASIMIR-PERIER.

Par le Président de la République:

Le Ministre de l'Instruction publique
et des Beaux-Arts,
G. LEYGUES.

Le Ministre du Commerce,
de l'Industrie, des Postes et des Télégraphes.
V. LOURTIES.